Stéphane Siounath

Cinq méditations

Stéphane Siounath

Cinq méditations

Sur la complexité de la vie Sur la présence de Dieu malgré tout

Éditions Croix du Salut

Impressum / Mentions légales
Bibliografische Information der Deutschen Nationalbibliothek: Die Deutsche Nationalbibliothek verzeichnet diese Publikation in der Deutschen Nationalbibliografie; detaillierte bibliografische Daten sind im Internet über http://dnb.d-nb.de abrufbar.
Alle in diesem Buch genannten Marken und Produktnamen unterliegen warenzeichen-, marken- oder patentrechtlichem Schutz bzw. sind Warenzeichen oder eingetragene Warenzeichen der jeweiligen Inhaber. Die Wiedergabe von Marken, Produktnamen, Gebrauchsnamen, Handelsnamen, Warenbezeichnungen u.s.w. in diesem Werk berechtigt auch ohne besondere Kennzeichnung nicht zu der Annahme, dass solche Namen im Sinne der Warenzeichen- und Markenschutzgesetzgebung als frei zu betrachten wären und daher von jedermann benutzt werden dürften.

Information bibliographique publiée par la Deutsche Nationalbibliothek: La Deutsche Nationalbibliothek inscrit cette publication à la Deutsche Nationalbibliografie; des données bibliographiques détaillées sont disponibles sur internet à l'adresse http://dnb.d-nb.de.
Toutes marques et noms de produits mentionnés dans ce livre demeurent sous la protection des marques, des marques déposées et des brevets, et sont des marques ou des marques déposées de leurs détenteurs respectifs. L'utilisation des marques, noms de produits, noms communs, noms commerciaux, descriptions de produits, etc, même sans qu'ils soient mentionnés de façon particulière dans ce livre ne signifie en aucune façon que ces noms peuvent être utilisés sans restriction à l'égard de la législation pour la protection des marques et des marques déposées et pourraient donc être utilisés par quiconque.

Coverbild / Photo de couverture: www.ingimage.com

Verlag / Editeur:
Éditions Croix du Salut
ist ein Imprint der / est une marque déposée de
AV Akademikerverlag GmbH & Co. KG
Heinrich-Böcking-Str. 6-8, 66121 Saarbrücken, Deutschland / Allemagne
Email: info@editions-croix.com

Herstellung: siehe letzte Seite /
Impression: voir la dernière page
ISBN: 978-3-8416-9861-2

Copyright / Droit d'auteur © 2013 AV Akademikerverlag GmbH & Co. KG
Alle Rechte vorbehalten. / Tous droits réservés. Saarbrücken 2013

LE CONSEIL DU SAGE

Introduction

J'ai été marqué par une discussion que j'ai eue il y a quelques mois au sujet d'un livre de l'Ancien Testament.

Mon interlocuteur me disait avec vivacité et conviction :
« Ce livre, c'est le livre protestant par excellence ».

Ce n'était pas la première fois que j'entendais un chrétien parler avec autant de passion de ce texte. Et j'avoue que je l'apprécie moi-même tout particulièrement.
Ce que j'aime dans ce livre, c'est l'importance qu'il revêt pour les croyants qui passent par des périodes d'épreuve. A sa lecture, ils y trouvent un réconfort, un éclairage qui les aide à relativiser ce qui leur arrive.

Ce matin, je vous invite à une excursion dans ce livre.
Je lis dans l'Ecclésiaste au chapitre 3, les versets 1 à 8.

Première lecture du texte

Ecclésiaste 3 v.1-8 :

1- *Il y a un temps pour tout, un moment pour toutes choses sous le ciel.*
2- *Un temps pour enfanter et un temps pour mourir, un temps pour planter et un temps pour arracher ce qui a été planté,*

3- *Un temps pour abattre et un temps pour soigner, un temps pour démolir et un temps pour construire,*
4- *Un temps pour pleurer et un temps pour rire, un temps pour se lamenter et un temps pour danser,*
5- *Un temps pour lancer des pierres et un temps pour ramasser des pierres, un temps pour prendre dans ses bras et un temps pour s'éloigner de ceux qu'on prend dans ses bras,*
6- *Un temps pour chercher et un temps pour considérer comme perdu, un temps pour garder et un temps pour jeter,*
7- *Un temps pour déchirer et un temps pour coudre, un temps pour se taire, et un temps pour parler,*
8- *Un temps pour aimer et un temps pour haïr, un temps de guerre et un temps de paix.*

Le livre de l'Ecclésiaste, que l'on appelle également le Qoéleth, est un texte court de seulement 12 chapitres.
Il fait partie de ce qu'on appelle les livres de sagesse.
Pour certains commentateurs, il s'agit ni plus ni moins du seul livre philosophique de la Bible.

Les 8 versets que nous venons de lire forment un poème.
Après une phrase d'introduction, *Il y a un temps pour tout, un moment pour toutes choses sous le ciel,* l'auteur nous livre 7 fois 2 couples d'oppositions.
7, le chiffre de la plénitude, comme pour signifier que ce qui est dit ici est une synthèse de tout ce qui peut se passer au court d'une vie.
La structure des vers en 2 temps rappelle le mouvement d'un balancier qui ne s'arrête jamais.
Il y a un temps pour ceci, et aussi un temps pour cela.
Les événements se succèdent, inexorablement, comme si on ne pouvait rien y faire.

A l'opposé des paroles pompeuses de certains philosophes, je trouve ce poème d'une simplicité déconcertante. Les mots employés, les tournures de phrases, le sens des phrases... tout est simple dans ce texte.
« Il y a un temps pour aimer et temps pour haïr. »
Un enfant aurait pu écrire ces mots.
Cette apparente simplicité traduit la volonté de l'Ecclésiaste d'apporter un enseignement qui soit compréhensible par le plus grand nombre.

Mais « simple » ne veut pas dire sans profondeur et sans impact. En fait, le poème est tellement déchargé de fantaisie, que chaque phrase nous percute de plein fouet.
Naissance, mort, pleurs, rires, guerre, paix... chacun de ces mots nous transperce. Ils sont la vie à l'état brut, sans décor. L'Ecclésiaste se sert de la simplicité de son poème pour nous toucher droit au cœur.

En fait, ce texte est tellement riche que nous pourrions faire tout un culte sur un seul vers. Je connais même un pasteur qui a récemment prêché sur seulement 4 mots : « un temps pour perdre ».

Quant à moi, je vous propose plutôt de chercher à répondre à la question suivante :
Puisqu'il s'agit d'un texte de sagesse, quel est le conseil que le sage veut nous donner ?

Je dirai que le conseil du sage, c'est « vis les pieds sur terre ».

I- Le conseil du sage : vis les pieds sur terre...

Le sage nous appelle à vivre les pieds sur terre, autrement dit à être lucides face certaines réalités

A) <u>Appel à la lucidité sur la difficulté de la vie</u>

La première de ces réalités, c'est que la vie est difficile.
Vous connaissez probablement ce titre de film : « la vie est un long fleuve tranquille ». Et bien le sage soutient exactement le contraire.

La vie, c'est la joie, la naissance, l'amour… mais c'est aussi la souffrance, la maladie et la mort.
Le rythme binaire du poème rappelle que des choses agréables et désagréables, heureuses et malheureuses se succèdent.
« Il y a un temps pour pleurer et un temps pour rire »
« Un temps pour naître et un temps pour mourir »
« Un temps pour aimer et un temps pour haïr »

Personne n'échappe à la règle, et surtout pas le croyant.
Bien sûr, lorsque nous ouvrons notre Bible, notamment dans le cadre du culte, nous préférons focaliser notre attention sur les paroles d'espérance. Mais rappelons-nous que la Bible, ce n'est pas que ça.
Et heureusement. Si la Bible ne parlait que de bonheur et de Salut, elle serait en décalage complet avec la réalité du monde. Et nous autres croyants, le serions également.

Il y a quelques mois, j'écoutais une interview de Marie-Georges Buffet, alors secrétaire nationale du parti communiste. Elle expliquait que ce qui est insupportable chez les chrétiens évangéliques, c'est qu'ils sont tellement tournés vers le ciel qu'ils en sont déconnectés des vrais problèmes du monde.

Quand, j'ai entendu ça, j'ai d'abord réagi avec colère, en me disant que, décidemment, certains politiciens étaient vraiment prêts à dire n'importe quoi.
Puis dans un second temps, j'ai accepté de réfléchir sérieusement à cette parole. Et je me suis dit qu'effectivement, les chrétiens pouvaient avoir tendance à éluder la difficulté de la vie.

Le premier risque à cela, c'est de ne plus être des interlocuteurs crédibles.
Face à une personne en détresse, on ne peut pas se contenter de dire que, grâce à Dieu, demain tout ira mieux. Parce que parfois, on sait que demain ne sera pas meilleur qu'aujourd'hui. Etre chrétien, c'est être lucide et responsable.

Un autre risque que je perçois, quand on élude la difficulté de la vie, c'est de perdre complètement la foi, le jour où la difficulté arrive.
J'ai fait partie, il y a quelques années, d'un groupe de jeunes dynamique et engagé. Une bonne dizaine d'entre nous avons été baptisés alors que nous avions entre 16 et 20 ans. Ce que je constate 10 ans plus tard, c'est que sur cette dizaine de jeunes, nous ne sommes plus que 2 à fréquenter une église. Je suis persuadé que 100% de ces jeunes qui avaient demandé le baptême, qui avaient décidé de remettre toute leur vie à Dieu, étaient sincères dans leur démarche.
Alors que s'est-il passé durant ces années ? Chaque personne a un parcours de Foi qui lui est propre. Mais ce que je constate comme point commun à tous ces jeunes qui sont encore mes amis aujourd'hui, c'est que ce recul de leur foi s'est systématiquement accompagné d'une profonde révolte. Révolte contre Dieu, contre le pasteur, contre l'Eglise.
Et la source de cette révolte, c'est le sentiment d'avoir été trompé, d'avoir été arnaqué.
Je ne pensais pas que la vie était si injuste. Je ne pensais pas que la tentation du péché aurait un tel pouvoir d'attraction sur moi.

Où était Dieu lorsque le mal m'a assailli ? On m'avait dit que « toutes choses concourent au bien de ce qui aiment Dieu » mais je n'ai pas vu cette parole se réaliser dans ma vie. La lecture de la Bible et la prière ne m'ont pas aidé.
J'ai été trompé sur la marchandise. J'ai été arnaqué par ce livre et ces pasteurs qui en font la promotion. L'Eglise est bien sympa, mais elle n'a rien compris. Je préfère la quitter. Je m'en sors mieux tout seul.

Voilà, d'une manière plus ou moins violente, plus ou moins consciente, le cheminement qu'ont fait la plupart de ces jeunes. J'ai moi-même raisonné comme cela pendant quelques temps.
Mais pourtant, il n'y a aucune arnaque. La Bible n'a jamais nié la difficulté de la vie.
Le psaume 23, le plus connu de tous les psaumes, parle du bon berger, mais aussi de la vallée de l'ombre de la mort.
La Bible toute entière évoque les difficultés de la vie. Non, il n'y a pas d'arnaque dans la Parole de Dieu, mais peut-être avons-nous un peu trop tendance à ne lire que les passages qui nous arrangent. Ceux qui laissent miroiter des solutions faciles et rapides aux problèmes de la vie si on les lit hors contexte.

La Bible n'est pas déconnectée de la réalité. La Bible n'est pas source de désillusion.
Au contraire, elle nous encourage à être lucides sur la difficulté de la vie.
C'est là le premier conseil que le sage souhaite nous rappeler dans son poème.

B) <u>Appel à la lucidité sur la complexité de la vie</u>

Quand le sage nous encourage à vivre les pieds sur terre, c'est également un appel à être lucide sur la complexité de la vie.
La vie est complexe. Autrement dit, il n'y a pas toujours une seule solution à une situation donnée. Tout est relatif.

Le sage nous dit au verset 7: « Il y a un temps pour se taire et un temps pour parler ».
Il se contente de dresser un constat sans apporter de solution. Il ne précise pas dans quel cas il est bon de parler et dans quel cas il est bon de se taire.
Par exemple, un ami très proche passe par une épreuve difficile. Vous êtes à ses côtés. Que faut-il faire ? Faut-il parler, pour le faire s'exprimer à son tour et qu'il évacue une partie de sa douleur ? Ou bien faut-il se taire pour ne pas le forcer à parler ?
La réponse à cette question va dépendre d'un nombre considérable de facteurs. Je suis bien incapable de me prononcer à priori, et le sage ne le fait pas non plus.
Et dans l'Eglise : quand faut-il parler et quand faut-il se taire ?
Nous aimerions que la Bible soit un guide pratique, un mode d'emploi qui nous dise comment réagir face à tel ou tel événement. Mais ce n'est pas le cas. Les situations auxquelles nous sommes confrontés sont trop complexes pour qu'il n'existe qu'une seule réponse.

Le sage nous dit également « Il y a un temps de guerre et un temps de paix ».
Apparemment, ce coup-ci, il s'agit d'une situation facile à analyser. La paix, c'est bien, la guerre, c'est mal. Mais une nouvelle fois, la situation est beaucoup plus complexe qu'il n'y paraît.
Dieu nous appelle à être des artisans de paix. Mais cela signifie-t-il qu'il faut éviter tous les conflits ? Jésus était-il homme à fuir les conflits ?
Lorsque vous constatez une injustice, faut-il éviter le conflit immédiat et laisser faire ou faut-il au contraire provoquer le conflit pour réparer l'injustice ?
Une nouvelle fois, le sage nous laisse avec notre question et n'apporte aucune réponse. Il se contente de constater qu'il y a un temps pour la guerre et un temps pour la paix.

Comme pour le chrétien qui ignore la difficulté de la vie, le chrétien qui ignore la complexité de la vie va au devant d'importants déboires.

Le risque, c'est de considérer que tout est simple, d'arrêter complètement de réfléchir, de ne jamais se remettre en question et de se contenter de réitérer des postures dogmatiques préétablies.

Alors, au moment des questionnements éthiques sur la famille, la contraception, l'immigration, l'économie et j'en passe, le chrétien n'est plus un interlocuteur pris au sérieux parce qu'il campe sur des positions sans qu'aucune possibilité de contradiction, d'échange ne soit ouverte.

Est-ce là le rôle de l'Eglise, appelée à vivre au cœur de la cité ?

Un autre risque face à la complexité de la vie, c'est de démissionner. C'est de dire « Oula, tout ça est beaucoup trop compliqué pour moi. Je préfère ne pas avoir d'avis. Je préfère éviter les problèmes et rester dans mon coin, dans mon petit club de chrétiens.»

Est-ce là le rôle d'une Eglise appelée à être la lumière du monde ?

Je ne crois pas.

Voici donc 2 vérités que le sage tient à nous rappeler :
La vie est difficile. Il y a un temps pour pleurer et un temps pour rire.
La vie est complexe. Il y a un temps pour parler et un temps pour se taire.

Il me semble que c'est une leçon importante que le chrétien doit impérativement retenir, pour les raisons que nous avons évoquées.

Alors, qu'est-ce qu'on fait maintenant ?

Allons-nous nous contenter de ce constat froid et terrible ?

Non, nous ne pouvons pas en rester là.
Beaucoup de penseurs, souvent athées, en sont restés là.
Cela en a fait des personnes déprimées, ironiques, parfois cyniques.

La spécificité de la sagesse qui vient de Dieu est justement de ne pas s'en tirer à ce constat lucide, mais sans perspectives.
Le sage n'a pas terminé son enseignement.
Je lis les versets 9 à 14 qui suivent immédiatement le poème de l'Ecclésiaste.

Seconde lecture du texte

Ecclésiaste 3 v.9-14 :

9 Que reste-t-il à celui qui travaille de la peine qu'il prend ? 10 J'ai vu le souci que Dieu donne aux humains comme moyen d'humiliation. 11 Tout ce qu'il a fait est beau en son temps, et même il a mis dans leur cœur (la pensée de) l'éternité, bien que l'homme ne puisse pas saisir l'œuvre que Dieu a faite, du commencement jusqu'à la fin. 12 J'ai reconnu qu'il n'y a rien de bon pour lui sinon de se réjouir et de faire ce qui est bon pendant sa vie ; 13 et aussi que pour tout homme, manger, boire et voir ce qui est bon au milieu de tout son travail, est un don de Dieu. 14 J'ai reconnu que tout ce que Dieu fait dure à toujours, il n'y a rien à y ajouter et rien à en retrancher. Dieu agit (ainsi) afin qu'on ait de la crainte en sa présence.

II-   ... mais vis les yeux tournés vers Dieu

Le sage nous a conseillé jusqu'ici de vivre les pieds sur terre en étant lucide sur la difficulté et la complexité de la vie.
Mais, avec les versets que nous venons lire, nous découvrons que le conseil pour être complet, est plutôt :
Vis les pieds sur terre ... mais garde les yeux tournés vers Dieu.

L'Ecclésiaste ne remet pas en cause ce qu'il a dit précédemment. Oui, la vie est faite de circonstances qui parfois nous échappent.

Mais bien qu'il soit malmené, dérouté par cette existence qu'il ne maîtrise pas, Dieu a donné à l'homme quelque chose pour tenir ferme au milieu de ce chahut.

A) **L'éternité en perspective**

Ce quelque chose, c'est ce qu'on appelle l'espérance, la perspective de l'éternité.

Au verset 11, nous lisons : *« Il a mis dans leur cœur (la pensée de) l'éternité, bien que l'homme ne puisse pas saisir l'œuvre que Dieu a faite, du commencement jusqu'à la fin »*.

Le sage confirme ici que l'homme n'a pas la faculté de tout comprendre. Dieu va permettre que des événements se produisent et, jusqu'à sa mort, l'homme n'aura jamais la possibilité d'en saisir le sens.

Il y a 2 ans, Dieu a permis que mon frère décède d'une overdose de médicaments. Il a été retrouvé allongé paisiblement sur son lit, sa Bible ouverte à côté de lui. Je ne comprendrais jamais ça. Jamais. Il nous faut renoncer à vouloir tout comprendre. Ce n'est pas dans nos capacités. Il y a un temps pour perdre. Point. En revanche, ce que Dieu nous dit, c'est que nous avons l'éternité en perspective. Et ça, ça change tout. Oui, la vie me fait mal. Oui, elle me dépasse. Oui, elle me révolte.

Mais je sais qu'il y a un temps pour toute chose. Un temps pour trimer sous le soleil. C'est le temps dans lequel nous sommes. Et un temps où nous serons auprès de Dieu. Et la perspective de ce moment me remplit de joie. Je l'attends avec impatience.

Avec cette perspective, nous franchissons un pas décisif, celui que différencie la sagesse de l'observateur lucide, qui constate que la vie est dure, de la sagesse du croyant, qui place sa confiance dans le Dieu de toute éternité. Ce pas, ce saut dans le vide, c'est ce qu'on appelle la foi.

Reste alors une question. Et pas des moindres.
D'accord. Nous avons conscience qu'il existe une éternité au-delà de la mort, où Dieu administrera enfin sa justice.
Mais nous, aujourd'hui, maintenant, que devons-nous faire dans cette attente ?

B) **Que faire dans cette attente ?**

Une nouvelle fois, c'est le sage qui nous apportera la réponse. Nous avons deux choses complémentaires à faire dans l'attente du jugement de Dieu.

La première nous est révélée aux versets 12 et 13 :

« 12 J'ai reconnu qu'il n'y a rien de bon pour lui sinon de se réjouir et de faire ce qui est bon pendant sa vie ; 13 et aussi que pour tout homme, manger, boire et voir ce qui est bon au milieu de tout son travail, est un don de Dieu. »

Le sage ne nous dit pas simplement : Sois patient, subis les coups sans broncher. De toute façon, tu ne peux rien y faire.
Au contraire, il refuse la déprime. Il refuse l'attentisme. Il refuse le scepticisme.
Le sage nous dit plutôt: Profite de la vie que Dieu t'a donnée.
Mords dedans à pleines dents, avant que ce soit elle qui te morde.
Chaque petit moment de bonheur est un cadeau de Dieu. Lui feras-tu l'offense de le refuser ?
Une réussite à un examen, un mariage, un enfant, un barbecue entre amis, un bon livre… Tout cela, ce sont des dons de Dieu au milieu de notre labeur.
Ne les refusons pas. Etre chrétien, c'est forcément aimer la vie.

L'autre chose que le sage nous conseille de faire dans l'attente du jugement de Dieu, et nous finirons ce temps par ce dernier conseil, est écrite au verset 14 :

« 14 J'ai reconnu que tout ce que Dieu fait dure à toujours, il n'y a rien à y ajouter et rien à en retrancher. Dieu agit (ainsi) afin qu'on ait de la crainte en sa présence. »

Le dernier conseil du sage, c'est de vivre la vie, mais dans la crainte de Dieu.
Pour ne pas faire de mauvaise interprétation, il faut rappeler ce que signifie « craindre Dieu ». Le verbe « craindre » est courant dans la Bible et n'a pas le même sens que celui que nous lui attribuons dans le langage courant.
La crainte de Dieu n'a rien à voir avec la peur. Elle renvoie plutôt aux sentiments de respect, d'obéissance et d'adoration que le croyant éprouve pour Dieu.

Finalement, ce que veut nous dire le sage, c'est que celui qui vit dans la crainte de Dieu a tout compris. Il a trouvé le sens de son existence.

Craindre Dieu, c'est rechercher sa sagesse, son esprit et son amour pour se positionner avec lucidité.
Craindre Dieu, c'est lui dire merci pour ses dons auxquels nous ne faisons même plus attention.
Craindre Dieu, c'est lui faire confiance, en toutes circonstances.

Le sage termine son enseignement en posant à chacun d'entre nous la question suivante : Est-ce que je vis véritablement dans la crainte de Dieu ?

Je vous invite à prier :

Mon Dieu,

Parfois je trouve la vie tellement difficile, tellement complexe, que j'en suis dégoûté. Je me tourne alors vers toi, je t'appelle à l'aide, mais je ne vois pas les choses évoluer comme je l'espère. Ma frustration n'en grandit que davantage.

Pourtant Seigneur, à la lecture de ta Parole, je me rends compte que tu n'as jamais promis un long fleuve tranquille. Depuis des milliers d'années, tu as inspiré des hommes pour coucher sur le papier des questionnements et des émotions qui sont aujourd'hui dans mon coeur.

Tu me montres et me démontres que tu me connais mieux que moi-même.

Cela me confirme que tu es parfaitement digne de confiance.

Tu me rappelles par ce texte qu'il n'y a pas de vraie foi en toi sans un regard lucide sur la condition humaine.

J'accepte donc cette vie qui est la mienne. Je profiterai des joies que tu m'accordes, et je continuerai de m'appuyer sur toi dans la tempête.

Tu me dis qu'il y a un temps pour toutes choses. Accorde-moi ta sagesse pour m'aider à discerner ces temps dans ma vie.

Seigneur, j'ai la certitude que je passerai l'Eternité dans ta présence, au milieu de mes frères.

En attendant, parce que ce temps n'est pas encore venu, et qu'il ne m'est pas donné de savoir quand il viendra, je veux passer ma vie à te servir de tout mon cœur, de toute mon âme et de toute ma pensée.

Amen.

IL FAUT QU'IL GRANDISSE ET QUE JE DIMINUE

Introduction

Dimanche dernier, le culte était axé sur le thème de l'appel de Dieu.
Cet appel irrésistible qu'ont connu tous les chrétiens, sous une forme ou sous une autre.
Cet appel à nous approcher malgré notre indignité.

Aujourd'hui, je souhaite continuer dans la voie qui a été ouverte la semaine dernière.
Ce qui suit l'appel de Dieu chez le chrétien, c'est la volonté de servir Dieu en retour.
Je vous rassure, je n'ai pas l'intention de lister toutes les manières possibles et imaginables qui existent de servir Dieu. Lors de l'assemblée générale de la semaine dernière, nous avons vu qu'il y a des dizaines de services possibles rien qu'au sein de notre église locale. Avis aux amateurs.

Non, j'aimerais plutôt que nous cherchions ensemble à répondre à la question suivante :
Quel que soit le service que j'accomplis, dans quel état d'esprit est-ce que je dois me trouver pour servir Dieu correctement ?
Y a t il des pièges à éviter ? Quel objectif est-ce que je dois suivre ?

Bref, **comment être un bon serviteur ?**

Le bon serviteur est un thème récurrent dans l'enseignement de Jésus.

Il y consacre plusieurs paraboles. S'il s'agit d'une question fondamentale pour Jésus, elle l'est forcément pour nous aussi.

Mais plutôt que de revisiter une de ces paraboles, façon classique d'aborder ce thème, je vous propose que nous prenions l'exemple d'un personnage bien connu de la Bible qui, du début à la fin de son ministère, a eu l'attitude et le comportement du bon serviteur.

Je vous invite à découvrir son identité, en suivant avec moi la lecture de l'évangile de Jean, au chapitre 3, les versets 22 à 30.
Que le Seigneur nous édifie au travers de sa Parole.

Lecture du texte

Jean 3 v.22-30 :

« ^{22}Après cela, Jésus se rendit avec ses disciples dans la terre de Judée ; et là, il séjournait avec eux et baptisait. ^{23}Jean aussi baptisait à Énon, près de Salim, parce qu'il y avait beaucoup de points d'eau ; on s'y rendait pour être baptisé. ^{24}Car Jean n'avait pas encore été jeté en prison.
^{25}Or, il s'éleva de la part des disciples de Jean une discussion avec un Juif à propos de la purification. ^{26}Ils allèrent auprès de Jean et lui dirent : Rabbi, celui qui était avec toi au-delà du Jourdain et à qui tu as rendu témoignage, voici qu'il baptise et que tous vont à lui. ^{27}Jean répondit : Un homme ne peut recevoir que ce qui lui a été donné du ciel. ^{28}Vous-mêmes m'êtes témoins que j'ai dit : Moi, je ne suis pas le Christ, mais j'ai été envoyé devant lui. ^{29}Celui qui a l'épouse, c'est l'époux ; mais l'ami de l'époux qui se tient là et qui l'entend, éprouve une grande joie à cause de la voix de l'époux ; aussi cette joie qui est la mienne est complète. ^{30}Il faut qu'il croisse et que je diminue. »

Vous l'avez compris, le personnage biblique auquel je faisais référence plus tôt, c'est le prophète Jean-Baptiste.

L'épisode de sa vie que nous venons de lire peut, à lui seul, apporter de nombreuses réponses à notre question.

Mais il n'est pas le seul protagoniste de ce récit.

Comme personnages principaux, nous trouvons également ses disciples.
Eux aussi sont de serviteurs de Dieu. Mais leurs propos en disent long sur leur nature profonde. Il serait intéressant que nous nous y attardions un peu.

Et puis surtout, il y a Jésus-Christ au cœur de cette histoire. Certes il n'intervient pas directement, mais toute la controverse porte sur lui !

Les disciples. Jean-Baptiste. Jésus-Christ. Tous trois ont à nous apprendre, ce matin.
Ils vont nous permettre de dresser un portrait en 3 temps du bon serviteur.

Premièrement :

I) <u>Le bon serviteur ne cherche pas à briller pour lui-même</u>

A) Des disciples bien décevants

Sur ce point, nous pouvons d'ores et déjà avancer que les disciples sont bien décevants.
Pour mieux comprendre leur attitude, commençons par remettre les choses dans leur contexte.

A cette époque Jean-Baptiste est un prophète puissant et reconnu.
Voilà 500 ans qu'Israël attendait un prophète de sa trempe. Il parcourt la région du Jourdain et appelle le peuple à se faire baptiser en signe de repentance.
Quelques temps plus tôt, Jésus lui-même est venu auprès de Jean pour se faire baptiser.
C'est dire si Jean le Baptiste est un homme d'envergure !
Quelle fierté ce devait être pour ses disciples de l'accompagner !

Pourtant, au grand damne des disciples de Jean, ce Jésus, qui hier encore était un inconnu, commence à leur faire de l'ombre.
Comme Jean il interpelle le peuple.
Comme Jean, il est accompagné de disciples.
Comme Jean, il baptise les foules.
L'orgueil des disciples de Jean est mis à rude épreuve. Leur maître n'a plus le seul prophète en Israël.

Et puis non content de parcourir la Galilée, au Nord, voilà que Jésus traverse tout le pays pour venir jusqu'en Judée, au Sud, et il se met à baptiser juste à côté d'eux. Quelle provocation ! On dirait qu'il marche volontairement sur leurs plates bandes !

Mais jusque là, les disciples de Jean parviennent à contenir leur colère. La goutte d'eau qui fait déborder le vase, c'est une discussion avec un juif qui semble sous-entendre que le baptême de Jésus serait plus purificateur que celui de Jean !

Cette fois-ci, c'en est trop. Comment rester impassible face à un tel camouflé ? Ils décident de se plaindre auprès de leur maître.
C'est ce que nous lisons au verset 26 : « Rabbi, celui qui était avec toi au-delà du Jourdain et à qui tu as rendu témoignage, voici qu'il baptise et que tous vont à lui. »

On sent à la fois de la jalousie et du reproche dans ces mots.

De la jalousie à l'égard de Jésus. Toutes ces personnes venaient vers nous jusqu'à présent. Or maintenant, tous vont à lui. Il nous fait de la concurrence !

Du reproche à l'égard de Jean, leur maître. Ce qui arrive est en partie de ta faute. Tu lui as rendu témoignage au lieu d'affirmer ta supériorité. Regarde le résultat. Il t'a trahi en prenant ta place aux yeux du peuple. Qu'allons-nous devenir ?

Décidemment ces disciples sont bien décevants. Non seulement ils ressentent le besoin de tirer la couverture à eux, mais en plus, en s'opposant au ministère de Jésus-Christ, ils démontrent qu'ils n'ont rien compris au plan de Dieu.

Le désir de briller pour eux-mêmes. Voilà ce que les aveugle. Voilà ce qui les empêche de voir que bien que serviteur de Dieu, ils vont à l'encontre de sa volonté.

Le désir de briller pour soi-même. Voilà le premier piège à éviter lorsque l'on veut servir Dieu.

Sommes-nous si différents des disciples de Jean ?

Parvenons-nous à éviter l'écueil qui consiste à vouloir briller pour ce que nous sommes ?

Je reviendrai sur cette question dans un moment.

II) <u>Le bon serviteur sait rester à sa place</u>

A) Jean-Baptiste, modèle d'humilité

Deuxièmement:

Le bon serviteur, c'est celui qui sait rester à sa place.

Pour illustrer ce point, penchons-nous quelques instants sur l'attitude de Jean-Baptiste.
Il n'aurait pas été surprenant qu'il réagisse de la même manière que ses disciples.
En tant que chef de file, c'est lui, plus que personne, qui serait en droit de se plaindre de sa perte de pouvoir et de reconnaissance.
Pourtant sa réaction ne va pas du tout dans ce sens.
Jean ne se laisse pas submergé par une quelconque amertume ou frustration.
Il préfère remettre les événements dans la perspective du plan de Dieu. Quelle lucidité !

Il commence par rappeler à ses disciples que dès le départ, leurs missions respectives étaient claires : « Vous-mêmes m'êtes témoins que j'ai dit : Moi, je ne suis pas le Christ, mais j'ai été envoyé devant lui. »

Jean a toujours su qu'il n'était pas le Christ. Et ses disciples le savaient également. Jean avait simplement pour mission de préparer le peuple à la venue du Christ. Il n'a donc été trahi par personne. Ni par Dieu, ni par Jésus.
Dieu ne trahit jamais personne. Il est bon de s'en souvenir lorsque la façon dont notre vie évolue nous rend amers et frustrés.

Jean ne partage pas la colère de ses disciples. Au contraire, il va jusqu'à afficher un sentiment inverse en prenant une image extrêmement symbolique, celle du mariage.

Jésus serait l'époux, et lui-même serait son témoin, celui qu'on appelle le « shoshben », selon la coutume juive. Le maître de cérémonie en quelques sortes.
Et il est parfaitement heureux parce qu'il sait qu'il est à la place que Dieu lui a réservée!

Par cette image, Jean illustre ce qu'est la véritable humilité.

Faire preuve d'humilité, c'est simplement savoir être à sa place. Ni plus, ni moins.
L'humilité n'est pas synonyme de modestie. Jean est humble, mais il n'est pas modeste.
Il ferait preuve de modestie s'il se comparait à un simple invité de la noce.
Mais il ne se compare pas à n'importe qui.
Il se compare au shoshben, le personnage le plus important après les mariés eux-mêmes !
Il a une vision juste de la place qu'il doit occuper. Toute simplement.

Dieu n'attend pas que nous nous sous-estimions. Il attend simplement que nous soyons humbles.

B) Et moi ?

Parlons de nous justement. Tant d'humilité chez un homme de l'envergure de Jean-Baptiste doit nous pousser à nous interroger sur notre propre humilité.
Suis-je humble comme Jean-Baptiste ?
Ou ai-je l'orgueil de vouloir briller personnellement comme ses disciples ?
Ou peut-être ai-je tendance à me dévaloriser et à me cacher ?

Je trouve que l'humilité est un équilibre particulièrement difficile à trouver.
On a vite fait de basculer d'un côté ou de l'autre.

Il m'arrive, à l'image des disciples de Jean, de basculer du côté de l'orgueil.
L'orgueil, vous savez, ce défaut que l'on décèle si facilement chez les autres, mais beaucoup plus difficilement chez soi. Une de ces pailles que l'on voit dans l'oeil du voisin alors qu'on a une poutre dans son propre champ de vision.

L'orgueil est comme une mauvaise herbe qui a vite fait de s'immiscer dans chaque recoin de notre vie, sans même que l'on s'en aperçoive.

La réussite professionnelle, la réussite sociale, toutes les performances dans quelque domaine que ce soit sont autant d'occasion de s'enorgueillir.

On retrouve l'orgueil dans les endroits les plus incongrus. On le retrouve jusque dans nos églises.

Telle église va se targuer d'être impliquée sur le front de l'évangélisation et de croître de manière spectaculaire. Alors que telle autre fera sa fierté d'une foi bien raisonnée, d'un enseignement rigoureux et d'un engagement social visible.

Echappons-nous à ce piège ?

Impossible d'être un bon serviteur lorsqu'on est orgueilleux parce que l'orgueil vient forcément en obstacle à l'accomplissement de l'œuvre de Dieu.

C'est ce que l'on a vu en prenant l'exemple des disciples de Jean-Baptiste.

Première possibilité de basculement, donc, l'orgueil.

Mais il m'arrive également de basculer de l'autre côté.

Il m'arrive d'en venir à me dévaloriser, à considérer que je ne suis bon à rien.

Connaissez-vous ce sentiment d'être nul, d'être un raté?

Ce manque de confiance en soi tel qu'on n'ose plus rien faire, plus rien affirmer.

On se recroqueville sur soi-même, on se cache, on baisse les yeux et on attend que ça passe.

Est-ce cela l'humilité à laquelle Dieu nous appelle ? Assurément pas.

Ce genre de sentiment n'est pas de l'humilité. Ce genre de sentiment ne vient certainement pas de Dieu.

Dieu ne prend aucun plaisir à nous voir manquer de confiance en nous, car derrière se cache un manque de confiance en lui.

Au contraire Dieu relève ceux qui sont tombés.
Moi qui suis faible, Dieu me convie aussi à prendre ma place dans son plan.
Moi qui suis faible, Dieu m'appelle aussi à être son serviteur.

Le texte de l'évangile de Jean nous a déjà enseigné deux qualités du bon serviteur :
- Contrairement aux disciples de Jean-Baptiste, le bon serviteur ne cherche pas à briller pour lui-même
- A l'image de Jean-Baptiste, le bon serviteur sait prendre la place, qui est la sienne. Il y en a forcément une.

Venons-en à la troisième et dernière qualité qui nous est enseignée dans ce texte. Probablement la plus importante.

III) <u>Le bon serviteur n'a qu'une idée en tête : Que le Christ grandisse encore et encore !</u>

« Il faut qu'il grandisse et que je diminue ».
Voilà les mots employés par Jean-Baptiste pour mettre un terme définitif à la controverse avec ses disciples.

En disant cela, Jean-Baptiste ne fait pas l'éloge de la petitesse.
Il confirme simplement qu'il est temps pour lui de s'effacer pour laisser la place au Christ. Son ministère était d'annoncer la venue du Sauveur. Le Sauveur est maintenant présent, son ministère est donc terminé.
Mais Jean-Baptiste restera un serviteur fidèle jusqu'au bout. Jusqu'à ce qu'il soit mis en prison et exécuté.
Il a su tenir sa place, du début à la fin. Avec un seul objectif : que le Christ grandisse encore et encore.

Suis-je capable de dire à mon tour, 2000 ans plus tard :
Il faut que le Christ grandisse et que je diminue ?

A) Dans sa vie

Dans ma vie, tout d'abord, ai-je pour objectif que le Christ grandisse et que je diminue ?

J'ai le souvenir lointain d'une monitrice de l'école du dimanche qui disait que la vie, c'est comme un long voyage en voiture.

Ce voyage, je peux décider de le faire seul, sans la présence de Dieu.

Je peux aussi me dire qu'un Dieu, ça peut dépanner de temps en temps.
Je lui réserve donc une place dans le coffre, comme une roue de secours.
Je m'en servirai en cas de pépin.

Si j'ai davantage de considération pour lui, je le laisse s'asseoir sur la banquette arrière, à condition qu'il ne la ramène pas trop !

S'il est vraiment important pour moi, je peux aller jusqu'à lui accorder la place du passager. Dieu est alors à côté de moi. Je l'écoute attentivement. Il me conseille et me guide.

Mais il reste encore une autre place que je peux lui donner.
Je peux décider de lâcher prise et lui laisser la place du conducteur.
Je peux le laisser conduire ma vie et apprendre à dépendre de lui.

J'ai bien conscience des limites de cette image initialement destinée aux enfants.

Et puis n'allez pas l'appliquer à la lettre avec votre voiture, vous risqueriez de provoquer des accidents !

Mais pour autant, elle a su me rappeler plus d'une fois que j'avais mis Dieu dans le coffre de ma vie.

Qu'en est-il aujourd'hui ?
Qu'est-ce qui occupe mes pensées ?
La venue du royaume de Dieu ou l'atteinte des mes ambitions personnelles ?
Quelle est la place que je laisse à Dieu dans mon emploi du temps ?
Est-ce que je lui laisse un créneau d'une heure, le dimanche matin ?
Ou est-ce qu'au contraire je le laisse s'étendre dans toutes les autres cases de mon planning ?

Ce n'est pas dans ma nature de lui laisser la place. J'aime avoir le contrôle.

Sa parole me rappelle que dans ma vie, il faut qu'il grandisse et que je diminue.

Mais cela ne se suffit pas. Notre ambition de serviteur est beaucoup plus grande. Et je terminerai par ce dernier point.

B) Dans le monde

Il faut que le nom de Jésus-Christ grandisse encore et encore dans nos vies certes, mais également dans le monde entier.

Faire connaître le nom de Jésus-Christ dans le monde entier, c'est notre voeu le plus cher, c'est notre vocation d'église.

Au moment de remplir cette mission, soyons attentifs.

Ne faisons pas la même confusion que les disciples de Jean-Baptiste qui ont fait passer l'intérêt à court terme de leur petit groupe avant le plan de Dieu.

Ce que nous recherchons, ce n'est pas que notre église locale grandisse et puis c'est tout.

Ce que nous recherchons, ce n'est pas que les protestants, les évangéliques, que sais-je encore, grandissent.

Ce que nous recherchons, c'est que Christ grandisse ! C'est tout ce qui importe.

Demandons à Dieu de nous éclairer pour que nous ne perdions jamais de vue cet objectif ultime.

Qu'il nous aide à tenir notre place d'église dans un monde en pleine mutation, avec humilité et détermination.

Pour être de bons serviteurs à notre tour, il faut qu'il grandisse et que nous diminuions.

DE QUOI AS-TU PEUR ?

Introduction

Connaissez-vous mon petit cousin, Hugo ? Non ?!
Ah, Hugo, c'est un dur à cuire. En créole, on appelle ça « on mosso fè ».
Si vous l'aviez rencontré à l'époque où il avait 5 ou 6 ans, voilà ce qu'il aurait fait : il aurait saisi le lobe de votre oreille, vous aurez regardé droit dans les yeux, et il vous aurez posé cette question :
« De quoi t'as peur ? »
Les enfants posent de ces questions…
Je dois avouer que le jour où il m'a fait le coup, j'ai été décontenancé. Embarrassé, je lui retournai la question : Et toi, de quoi as-tu peur ?
Lui étant beaucoup moins pudique que moi sur le sujet, nous sommes partis dans une longue discussion sur les tigres, les tempêtes et les dragons.
De mon côté, j'étais soulagé, j'avais réussi à esquiver cette question embarrassante.

Ce matin, à mon tour, j'aimerais m'approcher de vous, vous toucher le lobe de l'oreille, vous regarder droit dans les yeux, et vous poser cette question :
De quoi as-tu peur ?

Pour servir de socle à notre réflexion, je lirai les trois derniers versets du Deutéronome et j'enchaînerai avec les 9 premiers versets du livre de Josué.
Deutéronome 34 v.10-12 suivi de Josué 1 v.1-9

Lectures

Deutéronome 34 v. 10-12

¹⁰Il ne s'est plus levé en Israël de prophète comme Moïse, que l'Éternel connaissait face à face ; ¹¹Il est incomparable pour tous les signes et prodiges que l'Éternel l'envoya faire au pays d'Égypte contre le Pharaon, contre ses serviteurs et contre tout son pays, ¹²et pour les actes très redoutables que Moïse accomplit à main forte sous les yeux de tout Israël.

Josué 1 v.1-9

¹Après la mort de Moïse, serviteur de l'Éternel, l'Éternel dit à Josué, fils de Noun, assistant de Moïse : ²Moïse, mon serviteur, est mort ; maintenant, lève-toi, traverse le Jourdain que voici, toi et tout ce peuple, en direction du pays que je donne aux Israélites. ³Tout lieu que foulera la plante de votre pied, je vous le donne, comme je l'ai dit à Moïse : ⁴Vos frontières s'étendront depuis le désert et le Liban que voici, jusqu'au grand fleuve, le fleuve de l'Euphrate, tout le pays des Hittites et jusqu'à la grande mer, au soleil couchant. ⁵Nul ne tiendra devant toi, tous les jours de ta vie. Je suis avec toi comme je l'ai été avec Moïse ; je ne te délaisserai pas, je ne t'abandonnerai pas. ⁶Fortifie-toi et prends courage, car c'est grâce à toi que ce peuple héritera du pays que j'ai juré à leurs pères de leur donner. ⁷Seulement fortifie-toi, aie bon courage, en observant et en mettant en pratique toute la loi que t'a prescrite Moïse, mon serviteur : ne t'en détourne ni à droite ni à gauche, afin de réussir partout où tu iras. ⁸Ce livre de la loi ne s'éloignera pas de ta bouche ; tu y méditeras jour et nuit pour observer et mettre en pratique tout ce qui y est écrit, car c'est alors que tu mèneras à bien tes entreprises, c'est alors que tu réussiras. ⁹Ne t'ai-je pas donné cet

ordre : Fortifie-toi et prends courage ? Ne t'effraie pas et ne t'épouvante pas, car l'Éternel, ton Dieu, est avec toi partout où tu iras.

Ce récit n'est pas le seul de la Bible où l'on voit Dieu intervenir directement auprès d'un homme pour l'encourager. C'est même plutôt fréquent dans l'Ancien Testament.
Cependant, je n'ai pas connaissance d'un autre texte où Dieu appuie ses encouragements à ce point.
En seulement 9 versets, il se répète trois fois : « fortifie-toi et prends courage ». Et il insiste « je ne te délaisserai pas, je ne t'abandonnerai pas ». Et il insiste encore : « je serai avec toi partout où tu iras ».
Le texte ne précise pas explicitement l'état d'esprit dans lequel se trouve Josué, mais il est facile de le deviner.
Nous savons que Dieu ne parle jamais pour ne rien dire. S'il doit se montrer à ce point réconfortant, c'est parce qu'il a face à lui un homme qui a besoin d'être réconforté. Un homme qui est saisi de peur.

Afin de mieux y répondre pour nous-mêmes, posons la question à Josué :

I) De quoi as-tu peur ?

Josué est tout sauf un lâche. 40 ans plus tôt, il a fait partie des 12 espions qui ont été envoyés en Canaan pour préparer l'invasion.
Avec Caleb, il avait proposé la conquête immédiate du pays mais le peuple avait pris peur et s'y était opposé.
Dieu avait alors sanctionné cette génération en la condamnant à errer 40 années supplémentaires dans le désert. Seuls deux d'entre eux auraient le privilège de fouler le sol de la terre promise avec la génération suivante, les deux qui avaient fait preuve de courage et de confiance en lui : Caleb et Josué.

Pourquoi Josué, ce chef militaire qui a déjà prouvé sa valeur, est-il pris de peur ?

Il y a au moins deux raisons évidentes :

Etant l'assistant de Moïse, Josué est particulièrement bien placé pour mesurer l'écart qui existe entre ce personnage exceptionnel et lui-même.
Rendez-vous compte, Moïse parlait avec Dieu en tête à tête !
Josué le sait, il n'a pas cette relation privilégiée avec Dieu.
Le Deutéronome qualifie Moïse d'incomparable.
Qui ne serait pas apeuré au moment de succéder à quelqu'un d'incomparable ?

Et puis il y a une autre raison à la crainte de Josué : c'est tout simplement la tâche à accomplir. Conquérir Canaan, la terre promise. Ce pays dont « les frontières s'étendent depuis le désert et le Liban, jusqu'au grand fleuve, le fleuve de l'Euphrate, tout le pays des Hittites et jusqu'à la grande mer, au soleil couchant ».
Par cette description qui nous est rapportée au verset 4, nous comprenons beaucoup de choses. Nous comprenons que le pays est grand. Nous comprenons aussi que le pays est occupé. Il faudra se battre contres des peuples plus nombreux et mieux armés.
En somme, la tâche qui est confiée à Josué consiste à réussir partout où la génération précédente, Moïse compris, a échoué. Rien que ça.

Alors Josué, de quoi as-tu peur ? D'accomplir la tâche qui t'est dévolue. En langage moderne ou dirait : de prendre tes responsabilités.

Prendre mes responsabilités. Voilà ce que j'aurais voulu répondre au petit Hugo, le jour où il m'a demandé ce qui me faisait peur.

Comme Josué. Même si j'ai conscience que les responsabilités qui ont pesé sur ses épaules sont infiniment plus lourdes que celles qui ne pèseront jamais sur les miennes.

Prendre ses responsabilités implique la possibilité d'échouer.

La possibilité d'être critiqué par un entourage pas toujours bienveillant.

La possibilité de s'épuiser en portant une charge trop lourde dont on n'arrive plus à se défaire.

La possibilité d'avoir à assumer que d'autres personnes pâtissent des choix que l'on aura faits.

La possibilité de prendre des coups, beaucoup de coups.

La possibilité de se ridiculiser.

Oui, l'idée de prendre des responsabilités me fait peur.

Et vous, de quoi avez-vous peur ?

Sûrement de choses très concrètes :

Les insectes, les serpents.

Sûrement d'autres choses plus abstraites : Le noir complet. Le vide.

Peut-être avez-vous des peurs beaucoup plus existentielles :

Peur de la vie, ce surprenant torrent, parfois monotone, parfois intrépide, toujours imprévisible.

Peur de la mort, cet épouvantail universel. Elle n'est pas si impressionnante lorsqu'elle paraît loin dans le temps ou dans l'espace. Mais elle devient simplement terrifiante lorsque son ombre s'approche d'un peu trop près.

Alors, de quoi avez-vous peur ?

Je ne sais pas quelle réponse se trouve dans votre cœur. Ce que je sais, c'est qu'il y en a forcément une. Tout le monde a peur.

Ce constat nous amène une deuxième question :
Puisque tout le monde ressent de la peur, peut-on dire qu'il est normal pour un chrétien d'avoir peur ?

II) Est-ce normal pour un chrétien d'avoir peur ?

La question mérite d'être posée. Car le chrétien qui ressent de la peur a vite fait de s'infliger un autre handicap, celui de la mauvaise conscience.

Comment se fait-il que je continue à ressentir ce sentiment irrationnel alors que j'ai l'assurance qu'il y a un Dieu qui veille sur moi et sur mes proches.
Je sais que Christ a triomphé de tout à la croix.
Et même s'il devait arriver un problème, n'ai-je pas la certitude que toutes choses concourent au bien de ceux qui aiment Dieu ?
Pourtant je me laisse effrayer par si peu de choses, encore et toujours.
Décidemment ma peur est le signe de ma lâcheté, de mon ingratitude et de mon manque de foi.

Oui, la question mérite d'être posée. Est-ce pécher que de ressentir de la peur ?

A) La peur : Un mal nécessaire

En réalité, je crois que la peur n'est pas forcément une mauvaise chose.
Bien sûr, personne n'apprécie d'être saisi par elle. Elle n'apporte aucun bien-être de façon directe.

Mais imaginons le cas inverse.

Connaissez-vous quelqu'un qui n'a peur de rien ? Et bien cette personne est un danger pour elle-même et pour les autres.

C'est celui qui n'a pas peur de se brûler qui manipule l'eau bouillante sans faire attention.

C'est celui qui n'a peur de renverser un enfant qui roulera à toute allure à proximité d'une école.

La peur induit la vigilance, la concentration. Depuis l'entrée du péché dans le monde, elle est un mécanisme naturel de défense face au danger.

En résumé, on peut dire que la peur est un mal nécessaire. Cette vérité s'applique au croyant au même titre qu'aux autres.

Voici un premier argument de bon sens pour répondre à notre question numéro 2.

B) <u>Dieu comprend nos peurs</u>

J'en citerai un autre, fondé sur l'Ecriture cette fois-ci.
Je lis dans l'Evangile de Luc au chapitre 22 les versets 39 à 44.

[39]Après être sorti, Jésus alla, selon sa coutume, au mont des Oliviers. Ses disciples le suivirent.
[40]Arrivé à cet endroit, il leur dit : Priez, afin de ne pas entrer en tentation. [41]Puis il s'écarta d'eux d'environ un jet de pierre, se mit à genoux et pria, [42]en disant : Père, si tu le veux, éloigne de moi cette coupe. Toutefois que ce ne soit pas ma volonté, mais la tienne, qui soit faite. [43]Alors un ange lui apparut du ciel, pour le fortifier. [44]En proie à l'angoisse, il priait plus instamment, et sa sueur devint comme des grumeaux de sang, qui tombaient à terre.

Cet événement précède l'arrestation et la mise à mort de Jésus. Il est rapporté dans les trois Evangiles synoptiques.

De toute la Bible, c'est probablement le passage qui me bouleverse le plus.

Jésus s'apprête à vivre la plus grande épreuve que l'on puisse imaginer. Prendre sur lui le péché du monde.

Il est à ce moment-là saisi d'angoisse par notre faute. Ce qui ne l'empêchera pas pour autant d'accomplir sa mission jusqu'au bout.

Malgré l'immense richesse de ce texte, nous en tirerons simplement deux enseignements en lien avec le sujet qui nous intéresse ce matin.

Le premier, c'est que l'exemple de Jésus, lui-même saisi d'angoisse, confirme que la peur en elle-même n'est pas un péché. Tout comme la tentation en elle-même n'est pas un péché. C'est plutôt ce que nous faisons de cette peur, de cette tentation, qui sera déterminant.

Le second, c'est l'assurance que Dieu ne nous juge pas, il ne nous accable pas, lorsqu'il nous voit être saisi de peur. C'est un sentiment qu'il connaît car son fils Jésus a revêtu la condition humaine avec ce qu'elle comporte de faiblesse. Il ne nous pointe pas du doigt. Il nous prend dans ses bras et nous chuchote à l'oreille : « Je comprends ce que tu ressens ».

Josué et Jésus sont des homonymes en hébreu comme en grec.

Josué a eu peur. Jésus a été en proie à l'angoisse.

Nous avons nous aussi le droit d'avoir peur.

La question véritable n'est donc pas tant de savoir s'il est permis d'avoir peur, mais plutôt :

III) Que faire quand on a peur ?

J'imagine Josué pris en étau entre ce pays qui est devant lui, et ce peuple qui est derrière lui. Quelle pression ce devait être. Que faire ?
- Rester immobile, tétanisé de peur, sidéré aux portes de Canaan.
- Battre en retraite, en retournant dans le désert ou en Egypte pourquoi pas.
- Ou bien fuir en avant, foncer tête baissée vers l'adversaire, sans aucune réflexion préalable.

Telles sont les réactions naturelles de l'homme face à ce qui l'effraie.
Heureusement, Josué n'est pas seul. Dieu est à ses côtés. Et Dieu lui dit quelque chose. Quelque chose de pas naturel.
Alors que Josué s'apprête à livrer bataille, on pourrait s'attendre à ce que Dieu lui enseigne une technique de combat. Ou une stratégie digne d'un grand général.
Mais non. C'est vers une toute autre voie, bien plus fondamentale, que Dieu conduit Josué.

Je relis les versets 7 et 8 :

[7]Seulement fortifie-toi, aie bon courage, en observant et en mettant en pratique toute la loi que t'a prescrite Moïse, mon serviteur : ne t'en détourne ni à droite ni à gauche, afin de réussir partout où tu iras. [8]Ce livre de la loi ne s'éloignera pas de ta bouche ; tu y méditeras jour et nuit pour observer et mettre en pratique tout ce qui y est écrit, car c'est alors que tu mèneras à bien tes entreprises, c'est alors que tu réussiras.

A) Médite ma Parole

Voici donc ce que Dieu donne à l'homme pour surmonter sa peur et réussir ce qu'il entreprend. Sa parole.
Mais attention. Cette parole est un bien précieux que l'on ne manipule pas à la légère. Elle nécessite un investissement considérable, un investissement que l'on n'est pas toujours prêt à fournir.

La Parole de Dieu demande une relation individuelle :
Au verset 8 nous lisons : « Ce livre de la loi ne s'éloignera pas de ta bouche, tu y méditeras jour et nuit ».
Littéralement « tu le murmureras jour et nuit ».
Les Hébreux avaient l'habitude de réciter le livre de la loi pour eux-mêmes, en chuchotant.
L'exemple de Jésus est éloquent pour illustrer cette relation individuelle avec la Parole. Une part importante de son ministère consistait à enseigner les foules. Mais une part non moins importante consistait à s'isoler pour méditer la Parole de Dieu.
Nous aussi, c'est à une lecture personnelle, à voix basse que nous sommes invités.

L'expression « jour et nuit » est également forte de signification.
Il ne s'agit pas de lire la Bible quand ça va mal et de la délaisser quand tout va bien.
Il ne s'agit pas non plus de la lire assidûment au moment de sa conversion, puis plus rien ensuite.
La Parole de Dieu demande de la constance.
Cette constance implique une organisation, parfois même des efforts. Nous acceptons de faire des efforts pour tellement de choses plus ou moins futiles, pourquoi pas pour entretenir notre relation avec Dieu ?

Dernière idée qui apparaît dans ce texte et qui ne nous plait pas beaucoup : l'obéissance.

« Ne t'en détourne ni à droite ni à gauche. »

« Observe et mets en pratique TOUT ce qui est écrit »

La Parole de Dieu est un tout, un ensemble inspiré par lui. On ne vient pas y prendre ce qui nous plaît et mettre de côté ce qui nous déplait.

Dieu attend une obéissance totale à sa parole. Une obéissance pas par peur d'un châtiment si je m'en écarte. Mais une obéissance dans la certitude que la voie qui est indiquée est forcément la bonne.

Venons-en au but, enfin. Disons que nous acceptons de suivre ce conseil qui consiste à méditer la Parole de Dieu individuellement, avec constance et obéissance. Que se passera-t-il alors?

Nos peurs vont-elles disparaître aussitôt ?

Les murs de Jéricho vont-ils s'effondrer sous nos yeux, sans que nous nous en approchions?

Je ne suis pas persuadé que cela fonctionne comme ça.

Mon grand frère se rendait à l'école pour la première fois, un matin de septembre. En chemin, il se mit à pleurer. Comme ma mère lui demandait pourquoi il pleurait, il lui répondit : « Mais maman, je ne peux aller à l'école, je ne sais même pas lire ! »

Malheureusement pour lui, il n'y coupera pas. Le processus est inévitable. C'est justement en allant à l'école qu'on apprend à lire. C'est en se confrontant à ses peurs qu'on apprend à les surmonter.

La lecture de la Parole de Dieu ne fera peut-être pas disparaître toutes nos peurs, comme par magie. Mais elle nous donnera les clés pour les surmonter.

B) <u>Nous y découvrirons…</u>

Que trouverons-nous d'extraordinaire dans cette Parole ?

Nous y découvrirons des récits comme ceux que nous avons lus ce matin qui nous aideront à déculpabiliser d'avoir peur.

Nous y découvrirons des paroles de sagesse qui nous rappelleront quels sont les bons combats.
As-tu peur de perdre ton statut social ? De perdre de l'argent ? De ne pas plaire à tout le monde ?
Est-ce vraiment ça qui est important ?
En laissant tomber certains combats inutiles, on se débarrasse en même temps des craintes inutiles qui y sont associées.
N'est-ce pas là un début de remède à bon nombre de nos peurs ?

Enfin, surtout, la méditation de la Parole nous rappellera les promesses de Dieu.

« Ne t'effraie pas et ne t'épouvante pas, car l'Éternel, ton Dieu, est avec toi partout où tu iras. »

Nous ne savons pas toujours si nous nous trouvons à la bonne place, celle que Dieu a prévue pour nous. Mais nous savons sans l'ombre d'un doute, que Dieu est là, où que nous soyons. Même quand nous nous trouvons là où nous ne sommes pas censés être.

Alors nous n'apprivoiserons peut-être jamais totalement les tigres et les dragons qui nous effraient depuis toujours.

Mais en prenant appui sur la grâce de Dieu, nous aurons le courage d'affronter nos peurs, encore et encore. Et si nous chutons ou si nous nous enfuyons, nous savons que sa grâce ne s'éloignera pas de nous.

« L'Eternel ton Dieu est avec toi partout où tu iras. » En lisant ces mots, nous ressentons déjà la présence de Dieu.
Il ne s'agit donc plus simplement de l'annonce d'une promesse. Mais de sa réalisation.

Alors, que répondrez-vous la prochaine fois qu'on vous demandera : « De quoi as-tu peur ? »
Quant à moi, je sais quelle sera ma réponse.
Je répondrai que je n'ai peur que d'une chose : Ne plus ressentir la présence de Dieu à mes côtés.
Suivons l'exemple de Josué, gardons nos bibles grandes ouvertes pour que ce moment n'arrive jamais.

AGIS AVEC MESURE

Je vais vous faire une confidence.

Je vais vous dire ce que je souhaite recevoir comme cadeau de Noël. N'en parlez pas à ma femme, j'espère qu'elle y pensera spontanément.

Ce qui me ferait plaisir, c'est un trivial Pursuit. Vous savez, ce jeu de questions-réponses qui met à l'épreuve notre culture générale.

J'ai toujours aimé ce type de jeu.

D'ailleurs, ce matin, j'ai moi-même un petit jeu à vous proposer.

Je vous invite à découvrir le livre mystère qui fera l'objet de notre méditation.

Le livre mystère est un livre méconnu de la Bible.

J'aime particulièrement le livre mystère parce qu'il soulève beaucoup de questions, sans apporter toutes les réponses. Pour cette raison, il peut être un peu frustrant et déroutant. Et pour cette même raison, il est le reflet fidèle de ce que nous sommes, des êtres en questionnement permanent.

Je ne suis pas le seul à porter le livre mystère en grande estime.

Pour le théologien Jacques Ellul, il contient « les plus belles pages de la Bible ». Il a d'ailleurs attendu le crépuscule de sa vie pour en rédiger un commentaire, comme un point final à l'ensemble de son oeuvre.

Niché au cœur de l'Ancien Testament, le livre mystère fait partie des écrits de poésie et de sagesse.

Il est temps de donner la réponse. Avez-vous deviné?

Il s'agit du livre de Qohéleth, plus connu sous le nom de l'Ecclésiaste.

Je vous invite à plonger dans cet écrit complexe et passionnant.

Ecclésiaste 7 v.15-22

15 Durant ma fugitive existence, j'ai constaté que tout peut se produire : un homme juste meurt à cause de son bon comportement et un homme mauvais continue à vivre grâce à sa méchanceté.
16 Ne soyons pas justes à l'excès, ni sages outre mesure. Pourquoi nous détruire nous-mêmes ?
17 Ne nous laissons pas emporter par la méchanceté et ne nous conduisons pas de manière stupide. Pourquoi mourir avant l'heure ?
18 Il est bon de suivre à la fois ces deux conseils, car celui qui respecte Dieu ne doit pas tomber dans l'excès.
19 La sagesse dirige mieux le sage que dix gouverneurs une ville.
20 En effet, il n'existe sur la terre personne d'assez juste pour pratiquer le bien sans jamais se tromper.
21 Il ne faut pas non plus prêter attention à tout ce que les gens racontent. Sinon on risquerait d'entendre son serviteur dire du mal de soi.
22 Nous savons bien que souvent nous disons nous-mêmes du mal des autres.

On reconnaît bien là le style de l'Ecclésiaste. Il me fait penser à un de mes oncles, en Guadeloupe. J'aime m'asseoir à ses côtés et écouter sans mot dire ses récits de vieux briscard, ses conseils qui s'appuient davantage sur une expérience que sur une théorie.
Je dois avouer que la première fois que j'ai lu ce texte, il m'a laissé perplexe.
Je n'ai pas vraiment compris le verset 16... Ou plutôt devrais-je dire, pour être honnête, je me suis senti en profond désaccord avec le verset 16:

« Ne sois pas juste à l'excès, ni sage outre de la mesure. »

Comment la Bible peut-elle nous conseiller de ne pas être justes à l'excès ?
Ca n'a pas de sens. Cela va à l'encontre de ma conviction profonde de croyant. Je veux être parfait pour plaire à Dieu, en prenant modèle sur le Christ.
Je veux être juste parmi les justes. L'obsession du chrétien n'est-elle pas de faire le bien, sans concession, et en toutes circonstances ?

Décidemment, je ne comprenais pas cette parole. Elle résonnait dans ma tête comme une provocation.
Puis je me suis souvenu ce proverbe bien connu, mais que j'ai mis plusieurs années à comprendre : Le mieux peut être l'ennemi du bien.
Ou dit en français plus moderne : A force de vouloir trop en faire, on finit inévitablement par en faire trop.

Nous devons reconnaître que, dans notre ardent désir de justice, il nous arrive de nous fourvoyer. Et en voulant faire le bien, il nous arrive de faire le mal.

C'est ce que nous allons voir à présent.

I) Ne sois pas juste à l'excès...

A) <u>Ne te prends pas pour un ange</u>

Lorsque l'Ecclésiaste dit « ne sois pas juste à l'excès », j'entends le conseil suivant : « Ne te prends pas pour un ange ».
L'angélisme... Voilà bien une attitude que l'Ecclésiaste déconseille, tout au long de son livre.

C'est un danger qui guette particulièrement le chrétien.

Soucieux de faire le bien en toute occasion, de vivre en profonde harmonie avec son prochain, le chrétien a tendance à éviter tout conflit, toute controverse, pourvu qu'il n'y ait pas de vague. Car, c'est bien connu, il n'y a pas de vague au Royaume de Dieu.

Alors il se montre juste à l'excès. Il se montre d'accord avec tout le monde.

Pour paraphraser Candide de Voltaire : « Tout est pour le mieux dans le meilleur des mondes ».

Seulement voilà, le chrétien angélique se met en danger. Il peut prendre de terribles coups, simplement parce qu'il n'a pas monté sa garde. Il peut prendre des coups tellement violents que sa foi vacille et s'effondre.

Ce n'est pas se comporter en disciple du christ que de se voiler la face et de voir le monde meilleur qu'il n'est.

Relisons les Evangiles. Jésus avait-il pour souci principal de ne froisser personne pour maintenir un consensus précaire, ou bien avait-il pour souci de dire la vérité ?

Jésus ne s'est pas approché de nous sous la forme d'un ange, mais bien en incarnant un être humain. Ne nous prenons donc pas pour des anges nous non plus.

L'Ecclésiaste nous encourage à remettre à plus tard nos rêves de perfection. La perfection, c'est un bel idéal, mais ce n'est pas pour tout de suite. Dieu nous appelle à prendre pleinement notre place dans ce monde imparfait et injuste, ici et maintenant.

Voilà une première application de ce conseil étonnant de l'Ecclésiaste.

Je vous en propose une deuxième.

B) <u>Ne te prends pas pour un juge</u>

Ne sois pas juste à l'excès, c'est également une manière de nous dire : « Ne te prends pas pour un juge ».

Celui qui veut être juste à l'excès peut être tenté de répandre son idéal de justice partout autour de lui.

Sans pincettes et sans demi-mesures.

J'ai en tête cette discussion que j'ai eue, il y a quelques années, avec une amie qui me confiait son besoin de prendre du recul par rapport à l'église.

Ma réaction a été cinglante, sans concession, condamnatrice. En croyant la remettre dans le droit chemin, je l'ai braquée en sens inverse. Cette amie n'est plus revenue à l'église depuis et je regrette de ne pas l'avoir accompagnée avec plus de douceur, avec plus de compréhension.

Moi, je sais ce qui est bon et juste pour le monde. Je condamne tout le reste.

Ce type de raisonnement, poussé à l'extrême, s'appelle le fondamentalisme.

Ce concept vous renvoie peut-être à la caricature que nous décrivent les médias depuis dix ans, le fondamentalisme des ultra-conservateurs américains, mis en opposition à celui des islamistes radicaux.

Ce n'est pas à celui-ci que je fais référence. Je veux parler du nôtre, plus caché, plus subtil. Cette façon que nous pouvons avoir, nous aussi, d'être persuadés de détenir la vérité et de condamner le reste.

Le culte doit se dérouler de telle manière et non pas de telle autre. La Bible doit être lue avec cette approche et pas autrement.

Moi, je sais ce qui est bon et juste pour l'Eglise. Je condamne tout le reste.

Il nous arrive de nous considérer plus purs, plus justes que les autres.

Tellement supérieur à eux, que l'on se donne le droit de les juger. Quelle prétention.

Après l'angélisme, voici un autre travers dangereux pour le chrétien.

Qu'en est-il pour nous ? Est-ce que nous en sommes là ?

Je ne pense pas. Mais à toutes fins utiles, je lirai à présent un extrait des principes de l'Union des Eglises Evangéliques Libres :

« Notre Union s'organise de telle sorte que l'unité ne devienne pas uniformité. […]. Chaque Église ne crée pas sa vérité ; mais en laissant à chaque Église locale une large autonomie, notre Union souligne qu'en communion sur l'essentiel, la diversité des situations et des expériences est une bénédiction. »

A vouloir être juste à l'excès, l'on peut être tenté de gommer cette diversité qui est une bénédiction pour l'Eglise.

Nous ne savons pas réellement ce que sont la justice et la pureté. Le verset 20 nous le rappelle : « il n'existe sur la terre personne d'assez juste pour pratiquer le bien sans jamais se tromper. »
Alors évitons de nous prendre pour des juges, mais faisons preuve de compréhension et de tolérance les uns envers les autres.

Voici donc deux façons de comprendre et de mettre en pratique ce conseil à priori déroutant de l'Ecclésiaste.
Il s'agit d'une mise en garde contre un perfectionnisme qui peut faire plus de mal que de bien.

II) Ne tombe pas non plus dans l'excès inverse…

En nous mettant en garde contre l'excès de justice, l'Ecclésiaste nous a bien pris à contre-pied. Mais il veille également à ce que nous ne tombions pas non plus dans l'excès inverse, à savoir le rejet de la justice.

A) <u>La tentation de l'opportunisme</u>

En effet, celui qui a accepté de regarder le monde avec lucidité et qui y a vu tant d'injustice, a vite fait de pousser le raisonnement un peu plus loin.
A quoi bon se donner du mal à chercher la justice. Elle n'apporte aucune récompense à celui qui la cherche sincèrement.
Autant vivre la vie de manière opportuniste. Autant chercher mon intérêt là où il se trouve.
Poussé jusqu'au bout, l'opportunisme peut alors facilement se transformer en cynisme. La morale devient un concept désuet et indésirable.

« La fin justifie les moyens » nous dit Machiavel.

Les grands penseurs ont depuis longtemps mis en maxime ce raisonnement opportuniste. Et les dirigeants du monde entier ont depuis longtemps trouvé matière à le mettre en pratique.

A priori, c'est un excès dans lequel nous autres chrétiens ne risquons pas de tomber.
Moi, opportuniste ? Moi, cynique ? Jamais…

En sommes-nous si sûrs ?
N'existe-t-il aucun cas de figure où la recherche d'efficacité peut prendre le pas sur notre recherche de justice?
L'efficacité, l'efficience, la performance sont des concepts particulièrement en vogue dans le monde professionnel. Y-compris dans les secteurs les plus inattendus.

Pour ma part, le secteur que je connais, c'est celui de la santé.
Voici le titre d'un article que j'ai lu récemment : « La performance hospitalière, plus qu'un concept, un credo. »

La performance est donc devenue une profession de foi pour le gestionnaire d'hôpital.

Par performance, il faut entendre performance économique, bien évidemment. Etant moi-même en charge de mettre en œuvre cette performance au sein de mon hôpital, je dois quotidiennement me reposer cette question : quel est ton véritable credo ?

Jusqu'à quel point la recherche de cette performance économique restera-t-elle en adéquation avec tes convictions de chrétien et ta soif de justice ?

Je suis persuadé que vous êtes vous aussi confrontés à ce type de questionnements qui met à mal votre éthique.

Soyons donc vigilants.

L'opportunisme et le cynisme ne sont pas l'exclusivité des grands de ce monde. Qui que nous soyons, où que nous soyons, ils sont plus proches de nous que ce que nous voulons bien avouer.

En tout cas, soyons clair, ce n'est pas non plus la voie sur laquelle nous pousse l'Ecclésiaste.

« *Ne nous laissons pas emporter par la méchanceté et ne nous conduisons pas de manière stupide. Pourquoi mourir avant l'heure ?* »

L'Ecclésiaste sait que l'opportuniste et le méchant ne gagnent pas à tous les coups.

Le chemin de la méchanceté est aussi incertain que celui de la justice.

B) <u>La tentation de la médiocrité</u>

Bon, où veux-tu en venir, Ecclésiaste ?

Tu déconseilles à la fois l'excès de justice et l'excès de méchanceté.

Qu'est-ce que tu proposes finalement ?

Ah, ça y est, j'ai compris.

Tu es en fait un partisan de la voie du milieu, celle de ceux qui n'osent pas se positionner clairement.

Tu es favorable à une foi raisonnable, un engagement tiède... Bref une vie de croyant médiocre.
Pas une vie totalement déconnectée de Dieu. Mais juste ce qu'il faut pour se donner bonne conscience. Pour se dire qu'on croit en quelque chose. Pour avoir une identité.

Est-ce cela, frères et sœurs, que nous retiendrons de cet extrait de l'Ecclésiaste ?
Une apologie de la médiocrité ?
Quelque part, ça nous arrangerait, car nous sommes souvent tentés de nous laisser aller, d'accepter le monde tel qu'il est, sans chercher aucunement à le changer. C'est tellement plus facile.

Mais non, ce n'est pas du tout le propos de l'Ecclésiaste.
Ce que nous devons plutôt retenir de ce passage, c'est au contraire:
Fonde ton action sur la sagesse que Dieu donne.

III) Fonde ton action sur la sagesse que Dieu donne !

A) <u>Recherche la sagesse qui vient de Dieu</u>

Tout au long de son livre, malgré son réalisme et ses questionnements dérangeants, l'Ecclésiaste en revient finalement toujours à cette seule vérité : C'est en Dieu que nous trouvons le sens de ce que nous sommes et de ce que nous faisons.

Le fait que les contours de la justice soient si difficiles à cerner n'a pas vocation à nous pousser au pessimisme ou au cynisme.
Mais simplement à reconnaître que nous sommes petits et incapables de comprendre seuls la complexité de ce monde.
Nous avons besoin d'un guide pour cela. Nous avons besoin de la sagesse qui vient de Dieu pour nous repérer et avancer dans le bon sens.

Mais attention, cette sagesse ne s'acquiert pas n'importe comment.
On ne devient pas sage en lisant des livres, en allant à l'école, ou en écoutant les discours de grands philosophes.
Il n'y a qu'une seule voie pour s'en approcher :
« Le respect de Dieu est le commencement de la Sagesse » dit Proverbes 1 v.7
C'est dans une relation d'amour sincère avec Dieu, que nous pouvons enfin découvrir sa sagesse.

Et à partir de là, tout change. Notre vision du monde change. Sur ce tableau apparemment insensé qu'est la vie, nous découvrons de nouvelles couleurs, de nouvelles profondeurs, de nouvelles perspectives.

Et cette vision nous pousse, non pas à l'immobilisme face à un monde corrompu, mais à l'action.

B) Elle te poussera à agir avec mesure

Arme-toi de cette sagesse que Dieu donne, et avance.
Malgré la complexité du monde, avance.
Prends garde à ne pas tomber dans un excès ou dans un autre, mais avance.

Qu'est-ce qui pourrait t'empêcher d'avancer ?
Les pouvoirs en place, tellement plus puissants que toi ?
Au verset 19 nous lisons :

« 19 La sagesse dirige mieux le sage que dix gouverneurs une ville ».

Les décideurs, les dirigeants sont peut-être plus nombreux. Ils ont peut-être fait de longues études pour en arriver là où ils sont.

Il n'en demeure pas moins qu'eux aussi peuvent se tromper.

La sagesse qui ne s'appuie pas sur la crainte de l'Eternel est forcément pleine de failles. Alors ne crains pas ces gens-là, et avance.

Il n'y a pas non plus lieu de craindre le « qu'en dira-t-on ».

Je relis les versets 21 et 22 :

« 21 Il ne faut pas non plus prêter attention à tout ce que les gens racontent. Sinon on risquerait d'entendre son serviteur dire du mal de soi.
22 Nous savons bien que souvent nous disons nous-mêmes du mal des autres ».

Il est bon d'accepter la discussion. Mais accepter la discussion, ne signifie pas accepter d'être paralysé dans son action, simplement parce que tout le monde n'est pas d'accord.

La critique fait partie du prix à payer pour celui qui veut servir Dieu. Et cela est vrai également dans l'église.

L'Ecclésiaste adresse un message de soutien aux hommes et aux femmes qui ont accepté de prendre une responsabilité à son service, et qui sont affaiblis par le poids de l'adversité et de la critique.

Pardonne à ceux qui te critiquent. D'ailleurs, relativise leurs paroles. Car tu le sais bien que toi aussi, tu as la critique facile.

Cherche à plaire à Dieu et non aux hommes.

Continue d'avancer, encore et toujours. Voilà le véritable propos de l'Ecclésiaste.

En guise de conclusion, je souhaite rendre hommage à des personnes dont le ministère illustre bien tout ce qui a été dit jusqu'ici. Il s'agit des visiteurs d'hôpital. Je sais qu'il y en a plusieurs au sein de notre assemblée.

Le visiteur d'hôpital n'est pas angélique car en embrassant ce ministère, il accepte de voir la vie telle qu'elle est. Parfois terriblement douloureuse. Il n'assure pas au patient la guérison. Il l'accompagne simplement dans cette épreuve parfois ultime qu'est la maladie.

Il n'est pas non plus fondamentaliste ou rigoriste. Il rend visite à des patients croyants, athées, paumés, agressifs ou calmes sans les juger, mais avec le souci de les aider dans leur cheminement.

Il n'est pas opportuniste. Il n'a rien à gagner dans ce ministère discret au service des plus faibles.

Il ne fait pas preuve de médiocrité car il refuse l'injustice en luttant contre l'isolement des personnes en institution de santé, isolement particulièrement saillant au moment des fêtes de fin d'année.

Nous ne sommes pas tous appelés au même ministère. Mais nous sommes tous appelés à servir Dieu.

Alors soyons inspirés par cet exemple.

Soyons encouragés par les paroles de l'Ecclésiaste qui nous invite à admettre la complexité du monde sans nous décourager.

Soyons indignés. Recherchons la justice, mettons-là en œuvre. Non pas avec excès. Mais avec mesure et détermination. Pour la gloire de Dieu.

UNE PROMESSE EXAUCEE

Une promesse exceptionnelle... faite à un illustre inconnu... qui se réalise en toute sobriété... et qui nous ramène à l'essentiel.

Introduction

Lorsque j'étais petit, je pouvais faire preuve d'une patience sans limite. Parlez-en à ma mère, je suis sûr qu'elle ne me démentira pas. Je pouvais rester assis sans sourciller pendant des heures.
Lorsqu'elle avait besoin de faire la cuisine, il lui suffisait de me poser dans le rocking chair et de mettre une de ces cassettes audio qui racontent des histoires pour enfants.
Je restais là, paisible, à écouter et réécouter les mêmes contes.
De fait, aujourd'hui encore, je connais par cœur des passages entiers de certaines histoires. Reconnaîtrez-vous ceci :
« Anne, ma sœur Anne, ne vois-tu rien venir ? »
« Non, ma sœur. Je ne vois rien que le soleil qui poudroie, et l'herbe qui verdoie ».

Il s'agit d'un extrait du conte de Charles Perrault, la Barbe Bleue. Ces paroles sont celles que la jeune héroïne échange avec sa soeur, alors qu'elle est emprisonnée par l'ogre Barbe Bleue. Elle attend désespérément l'arrivée de ses frères qui doivent venir la délivrer et elle demande à sa sœur perchée sur une tour, si elle les voit paraître à l'horizon. Mais non, la sœur Anne ne voit rien venir.

En grandissant, je dois avouer que je suis devenu nettement moins patient. Impatient face à l'ennui. Impatient surtout dans la souffrance et l'adversité.

Un peu comme l'héroïne du conte Barbe bleue qui interroge sa sœur Anne sans relâche, je me tourne vers Dieu et je lui demande : Alors, cette délivrance, ça vient ?

Je suis persuadé d'être dans mon bon droit, car la Bible regorge de promesses de délivrance et de bénédiction pour celui qui place sa confiance en Dieu.

Marc 11 v.24 : « Tout ce que vous demandez en priant, croyez que vous l'avez reçu, et cela vous sera accordé ».

Alors les yeux fixés vers l'horizon, je suis à l'affût, je quête la réalisation de ces promesses, de ces bonnes choses que Dieu a préparées d'avance pour moi... Mais rien ne se passe.

Quelle frustration. J'ouvre à nouveau ma Bible et je relis les récits de toutes ces personnes qui ont vu les promesses de Dieu pleinement accomplies sous leurs yeux.

Pourquoi cela ne m'arrive-t-il pas à moi ?

J'ai beau regarder autour de moi, je ne vois rien ! Je suis enfermé entre les quatre murs de ma détresse et par la petite lucarne de ma prison, je ne vois que le soleil qui poudroie et l'herbe qui verdoie.

J'ai pourtant les bons ingrédients : lecture biblique, prière, bonne conduite...

Je dois louper quelque chose dans la recette... Je ne vois pas d'autre explication. Ou alors, Dieu m'a oublié dans sa liste.

Dans une telle situation, il est un homme dont l'histoire peut apporter sinon des réponses, en tout cas des éléments de réflexion. Il est le mieux placé pour nous enseigner les circonstances d'une promesse réalisée puisque son nom signifie littéralement « exaucement ».

Je vous invite à suivre avec moi la rencontre de Siméon avec Jésus qui nous est rapportée dans l'Evangile de Luc, au chapitre 2, les versets 25 à 32.

Que le Seigneur ouvre nos yeux, nos oreilles et nos cœurs.

Luc 2 v.25-32

²⁵ Et voici qu'il y avait à Jérusalem un homme du nom de Siméon. Cet homme était juste et pieux ; il attendait la consolation d'Israël, et l'Esprit Saint était sur lui. ²⁶ Il avait été divinement averti par le Saint-Esprit qu'il ne verrait pas la mort avant d'avoir vu le Christ du Seigneur. ²⁷ Il vint au temple, (poussé) par l'Esprit. Et, comme les parents apportaient le petit enfant Jésus pour accomplir à son égard ce qui était en usage d'après la loi, ²⁸ il le reçut dans ses bras, bénit Dieu et dit :

²⁹ Maintenant, Maître, tu laisses ton serviteur s'en aller en paix selon ta parole.

³⁰ Car mes yeux ont vu ton salut,

³¹ Que tu as préparé devant tous les peuples,

³² *Lumière pour éclairer les nations*
Et gloire de ton peuple, Israël.

Voici donc l'histoire de Siméon, l'homme que Dieu a exaucé.
Sa rencontre avec Jésus tient en 11 petits versets. Nous avons lu les 8 premiers, nous ne lirons pas les 3 suivants, les versets 33 à 35, qui mériteraient un développement spécifique qui n'est pas l'objet de notre méditation aujourd'hui.
Attachons-nous plutôt à notre question du jour, celle de la promesse exaucée.
Je n'aurai pas la prétention démagogique de trouver dans ce texte tous les ingrédients de la recette qui permet d'obtenir une vie pleine de promesses exaucées. La Bible n'est pas un livre d'incantations que l'on ouvrirait dans le but d'obtenir des récompenses magiques.
Je vous invite à une approche autrement plus modeste. Je vous propose, tout simplement, de construire une phrase. Une seule phrase qui résumerait l'intégralité de l'histoire que nous venons de lire. Nous la bâtirons pas à pas, morceau par morceau, et nous verrons bien ce que ce texte peut nous apprendre sur les promesses de Dieu.

Je me lance. Il me semble que cette histoire raconte :

Une promesse exceptionnelle...

Nous avons notre sujet. Arrêtons-nous là un instant. Qu'y a-t-il de notable au sujet de cette promesse ?

Déjà, on peut remarquer qu'il ne s'agit pas d'une petite promesse de rien du tout. Celle-ci est remarquable à plus d'un titre. A commencer par l'identité de celui qui l'énonce. Au verset 26 nous lisons qu'elle émane directement du Saint-Esprit. C'est une promesse divine. Et pour que Dieu prenne la peine de faire une promesse aussi explicite à un homme, c'est que celle-ci doit avoir une valeur toute particulière.

En l'occurrence, le Saint-Esprit promet à Siméon qu'il ne mourra pas sans avoir vu le Christ. Rien que ça. Notre homme a l'assurance de rencontrer le sauveur que tout un peuple attend depuis 500 ans ! Ca, c'est de la promesse, c'est du lourd.

Malheureusement pour lui, il y a un hic. Car la promesse est aussi grandiose qu'imprécise. Il ne sait pas où il rencontrera le Christ. Il ne sait pas non plus quand il le rencontrera. Et enfin, il n'a aucune indication sur ce à quoi il peut bien ressembler ! Si j'avais été à sa place, j'aurais bien eu ma petite idée. Un sauveur, quelle allure cela peut-il avoir… Il doit être grand et puissant. Un mélange d'Usain Bolt et de Michael Phelps !

Heureusement que cette promesse ne m'était pas adressée à moi car avec une telle idée préconçue, je serais passé à côté de mon Seigneur.

Je continue ma phrase.

Il s'agit d'une promesse exceptionnelle…

… faite à un illustre inconnu…

Que savons-nous de ce Siméon, au juste ? Il ne fait pas d'autre apparition dans le livre de Luc et il est carrément absent des trois autres évangiles.

Nous ne connaissons rien du courant religieux et politique auquel il appartient. S'agit-il d'un prêtre, d'un pharisien, d'un Zélote, d'un Sadducéen ? Luc ne nous donne aucun détail à ce sujet. Cette absence de précision est en réalité une information capitale. Plutôt que de nous embrouiller, elle nous éclaire. La promesse d'un Sauveur, la plus belle promesse de tous les temps, n'est pas la propriété exclusive d'un groupuscule qui, pour moderniser un peu l'histoire, se qualifierait de catholique, protestant ou évangélique. En adressant sa promesse à Siméon, sans identité religieuse, Dieu met à bas nos étiquettes et nous rappelle que ses promesses sont universelles.

Donc ce que le texte ne dit pas sur Siméon est en soi un enseignement. Mais il fourmille également d'indices sur sa personnalité.

Dès les premiers versets, nous lisons qu'il s'agit d'un homme juste et pieux. Le mot « pieux » peut être traduit par prudent, circonspect, intelligent. Autrement dit, Siméon est un homme qui met fidèlement en pratique la loi, non pas avec une dévotion aveugle, mais avec une foi intelligente.

Nous savons également que cet homme connaît parfaitement les écritures. Son attente d'un sauveur se situe dans la droite ligne des écrits des prophètes. D'ailleurs, à la fin du texte, pour exprimer sa joie, il cite textuellement le prophète Esaïe lorsqu'il dit de Jésus qu'il est la « Lumière pour éclairer les nations ».

Juste, pieux, érudit, probablement âgé, même si le texte ne le précise pas expressément, Siméon semble être la figure même de l'homme sage. L'homme sage, vous savez, ce vieux bonhomme ennuyeux qui vit reclus dans une grotte. Pas tout à fait. Car en réalité, Siméon est tout sauf un contemplatif.
Il est au contraire très actif.
Il provoque lui-même la réalisation de sa promesse en se déplaçant au temple de Jérusalem. Qui lui a dit que l'enfant Jésus s'y trouvait ? Marie, les mages, les bergers

ont eu droit à un signe visible pour les avertir de la venue du Christ. Siméon, lui, n'a pas eu besoin d'être visité par un ange. Il est accompagné par quelqu'un qui est bien plus grand qu'un ange. Quelqu'un qui est en fait l'un des protagonistes principaux de cette histoire. Il est cité à trois reprises dans le texte.

Tout d'abord au verset 25 : « Siméon attendait la consolation d'Israël et l'Esprit Saint était sur lui ».

Puis au verset 26 : « Siméon avait été divinement averti par l'Esprit-Saint qu'il ne verrait pas la mort avant d'avoir vu le Christ du Seigneur ».

Et enfin au verset 27 : « Siméon vint au temple, poussé par l'Esprit ».

Il s'agit ici d'un enseignement essentiel de ce récit. Nul besoin d'ange et d'étoiles filantes pour l'homme de foi.

Pour le croyant contemporain, qui ne peut pas voir Dieu face à face, ni marcher physiquement aux côtés de Jésus, c'est dans la proximité avec l'Esprit-Saint que les promesses peuvent être non seulement exprimées, mais aussi réalisées.

Déroulons notre fil rouge et ajoutons un verbe à notre phrase : Une promesse exceptionnelle faite à un illustre inconnu…

… qui se réalise en toute sobriété…

Nous arrivons enfin à la réalisation de la promesse. Promesse d'exception. Homme d'envergure. Est-ce que la réalisation de la promesse est elle aussi renversante ?
Pas vraiment.

Visons tout d'abord le lieu où se déroule la scène. Le temple de Jérusalem. Il n'est certes pas incongru qu'une rencontre avec l'envoyé de Dieu ait lieu dans la maison de Dieu. Pour autant, le temple était certainement le lieu le plus controversé de l'époque, tout particulièrement depuis qu'Hérode était au pouvoir.

Les Esséniens, troisième courant religieux de la société juive, l'avaient complètement déserté. Les samaritains, quant à eux, considéraient que Dieu ne s'y trouvait pas mais qu'il était sur le mont Garizim. Nous savons que Jésus lui-même, 30 ans plus tard, émettra un jugement très sévère sur ce qu'était devenu le temple de Jérusalem.

Pourtant c'est à cet endroit précis que Dieu a décidé d'exaucer Siméon. Dans la continuité de ce que nous avons dit sur l'universalité de la promesse de Dieu, souvenons-nous que Dieu peut décider de bénir où il le souhaite. Y-compris dans les endroits qui pourraient nous paraître les moins appropriés. D'ailleurs, Jésus n'aura de cesse, tout au long de son ministère, de se rendre exactement là où les bienpensants ne l'attendent pas. Message à méditer pour ceux qui pensent toujours que leur église est plus pieuse que celle d'à côté.

Si je n'avais qu'un seul mot pour qualifier la scène, j'emploierais volontiers celui de sobriété. La promesse se réalise de la manière la plus sobre qui soit. C'est presque décevant quand on sait que cet homme a attendu cet instant toute sa vie !

Les mages ont eu droit à cette étoile mystérieuse qui les a guidés depuis l'extrémité du monde. Et une fois arrivés, quelle scène incroyable. Ils débarquent dans l'étable, ils s'agenouillent devant le nouveau-né et ils déballent leurs cadeaux : l'or, l'encens et la myrrhe.

Autre scénario magnifique, celui des bergers qui contemplent au milieu de la nuit la Gloire de Dieu et la chorale d'une armée céleste ! Ces scènes sont si belles et saisissantes que nous les reproduisons sans nous lasser à chaque fête de Noël.

Pour Siméon, la mise une scène est autrement plus dépouillée. Pas de lumière dans la nuit, pas de rois, pas de cadeau. Il n'y a même pas l'âne et le boeuf qui sourient à toutes dents en arrière-plan. Simplement une rencontre dans le silence entre deux parents, un bébé et un homme. Siméon a attendu toute sa vie pour un moment ou ne peut plus usuel. Car tous les parents venaient présenter leur enfant au temple.

Quelle simplicité. Quelle banalité.

Pourtant là où n'importe qui d'autre n'aurait vu qu'un bébé semblable aux autres, Siméon, lui, voit bien davantage. Il voit le Salut du monde. Parce qu'avant de regarder, il a chaussé les lunettes de la foi.

Autre enseignement fort de ce texte :
Une promesse exaucée est forcément un formidable acte de foi.

Non seulement Siméon est suffisamment clairvoyant pour comprendre que cet enfant est bien la réalisation de sa promesse, mais en plus il se contente de ce que Dieu lui donne. Aurions-nous réagi de la même manière en considérant la petitesse de la réalisation en comparaison de l'immensité de la promesse ?

C'est donc ça, la consolation d'Israël ? Où sont les armes de ce Sauveur ? Où sont ses paroles ? Où sont ses miracles ? Aurais-je attendu toute ma vie pour ne voir que la bande-annonce du film ? Il y a erreur sur la date, ce n'est pas ça que j'avais commandé ! Prolonge mes jours, Seigneur, de manière à ce que je voie grandir cet enfant et que je contemple son œuvre rédemptrice.

Siméon, lui, se contente de contempler Jésus enfant. Il n'entendra pas ses paraboles. Il ne verra pas ses miracles, encore moins sa mort et sa résurrection. Siméon a bien compris qu'il manquera de peu l'époque la plus formidable de tous les temps. Mais cela ne le chagrine nullement. Il prend l'enfant dans ses bras et il bénit Dieu, le cœur plein de respect et de reconnaissance. Cet instant le comble totalement, à tel point qu'il demande à Dieu de le laisser s'en aller en paix, selon sa parole.

Oui, Siméon est en paix. Parce que derrière l'apparente sobriété de l'événement, il a compris que Dieu l'a comblé au-delà de ses espérances.

Il attendait le Salut du peuple d'Israël (v.25) et c'est en fait le salut de toutes les nations du monde (v.32) qu'il a le privilège de contempler.

Nous sommes ici bien loin d'une promesse qui aurait été faite à un homme pour qu'il en profite égoïstement. Il ne s'agit pas non plus d'une promesse faite à un peuple. Il s'agit d'une promesse pour le monde. Il s'agit d'une promesse pour moi.

Il est temps à présent de terminer notre phrase.

Une promesse exceptionnelle faite à un illustre inconnu qui se réalise en toute sobriété et qui nous ramène à l'essentiel.

...et qui nous ramène à l'essentiel

Il est temps de répondre à notre question de départ. Qu'est ce que ce passage nous a appris sur les promesses de Dieu de nous ?

Cette lecture me rappelle que lorsque Dieu fait une promesse, il la tient. S'il a promis de me bénir, je peux avoir l'assurance qu'il me bénira. Notre Dieu est fiable à 100%. Seulement, cette bénédiction peut survenir dans des conditions très différentes de ce à quoi je m'attendais. L'histoire de Siméon le montre bien, il peut y avoir des décalages dans le temps, dans l'espace et dans la forme.

Pour ce qui est du temps, je ne peux le maîtriser. Comme Siméon, je dois accepter la souveraineté de Dieu qui accomplit sa promesse au moment opportun.
Pour ce qui est de l'espace, l'exemple du temple est également éloquent. Il me rappelle que les promesses de Dieu ne se réalisent pas forcément dans des églises bruyantes et pleines à craquer, ni au contraire dans des lieux parfaitement consacrés et hors du monde. La promesse de Dieu se réalise aussi là où on ne s'y attend pas.
Pour ce qui est de la forme, je ne dois pas oublier de porter les lunettes de la foi. Sans quoi, je serais capable de ne pas voir les magnifiques bénédictions qui se trouvent juste sous mes yeux.

Alors, si je rembobine le film de ma vie et que je le regarde avec ces éléments nouveaux, je ne suis plus aussi persuadé que Dieu m'ait oublié.

Au contraire, je me rends compte que Dieu m'a déjà exaucé maintes et maintes fois, sans même que j'y prête attention.

Oui, ouvrons les yeux, frères et soeurs. Dieu nous bénit jour après jour. Il l'a toujours fait. C'est indéniable.
Même lorsque nous oublions de lui dire merci, il nous bénit. Même lorsque que nous formulons des demandes parfaitement égoïstes sous couvert de spiritualité, il nous bénit.
Et malgré cela, nous continuons à nous sentir insatisfaits. Nous ne voyons rien d'autre que le soleil qui poudroie, et l'herbe qui verdoie.
Pourquoi ?

Peut-être parce que nous n'avons pas la simplicité de nous contenter de ce Dieu nous donne, à l'inverse de Siméon, parfaitement comblé par quelques instants de sa vie de vieillard, à tenir un enfant entre ses bras.

Peut-être aussi parce que nous n'avons toujours pas compris le véritable projet de Dieu pour nous.
Voyons-nous Dieu comme une machine à distribuer des bénédictions ? Comme un père Noël qui distribue des cadeaux chaque 25 décembre à des enfants avides de consommations spirituelles ?
Si c'est le cas, alors nous n'avons rien compris.
Dieu n'est pas un père Noël. Dieu est un père, tout court.
Il ne nous propose pas une relation commerciale qui consisterait à troquer de la dévotion contre de la bénédiction. Il nous propose une relation d'amour, de confiance, de constance. C'est ce qu'a compris Siméon en décidant d'être toute sa vie à l'écoute du Saint Esprit. Et il a finalement était béni au-delà de ce qu'il attendait.

Vous savez, l'histoire de Barbe bleue se termine bien. La jeune fille est finalement délivrée par ses frères et le méchant ogre est terrassé.

Quant à nous, nous ne vivons pas dans un conte populaire. Il se peut que le ciel s'éclaircisse et que la vie devienne plus agréable. Il se peut aussi que le chemin reste difficile et semé d'embûches.

Quoiqu'il advienne, Souvenons-nous de ce qui est vraiment important.

L'important, c'est de placer sa joie dans la présence du Seigneur plutôt que dans des signes extérieurs de prospérité et d'équilibre spirituel.

Sentir la présence de Dieu à ses côtés, je crois que c'est finalement ça, la définition du bonheur en ce bas monde.

Et si Dieu nous bénit en plus de toutes sortes de bienfaits, sachons ne pas en jouir égoïstement, mais ayons le réflexe de les partager. Alors nous serons comme Siméon, cet illustre inconnu, que Dieu a exaucé d'une manière à la fois sobre et exceptionnelle.

Table des Matières

LE CONSEIL DU SAGE..1
IL FAUT QU'IL GRANDISSE ET QUE JE DIMINUE..................................14
DE QUOI AS-TU PEUR ?..26
AGIS AVEC MESURE..39
UNE PROMESSE EXAUCEE 51

i want morebooks!

Buy your books fast and straightforward online - at one of world's fastest growing online book stores! Environmentally sound due to Print-on-Demand technologies.

Buy your books online at
www.get-morebooks.com

Achetez vos livres en ligne, vite et bien, sur l'une des librairies en ligne les plus performantes au monde!
En protégeant nos ressources et notre environnement grâce à l'impression à la demande.

La librairie en ligne pour acheter plus vite
www.morebooks.fr

VDM Verlagsservicegesellschaft mbH
Heinrich-Böcking-Str. 6-8   Telefon: +49 681 3720 174   info@vdm-vsg.de
D - 66121 Saarbrücken   Telefax: +49 681 3720 1749   www.vdm-vsg.de

www.ingramcontent.com/pod-product-compliance
Lightning Source LLC
Chambersburg PA
CBHW020810160426
43192CB00006B/510